Couverture inférieure manquante

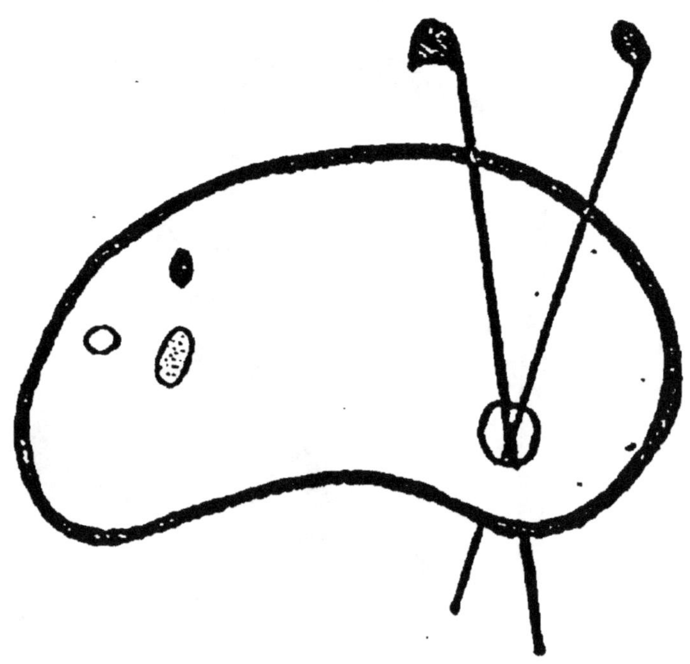

DEBUT D'UNE SERIE DE DOCUMENTS
EN COULEUR

NOTRE-DAME DE LOUVIERS

QUELQUES REMARQUES

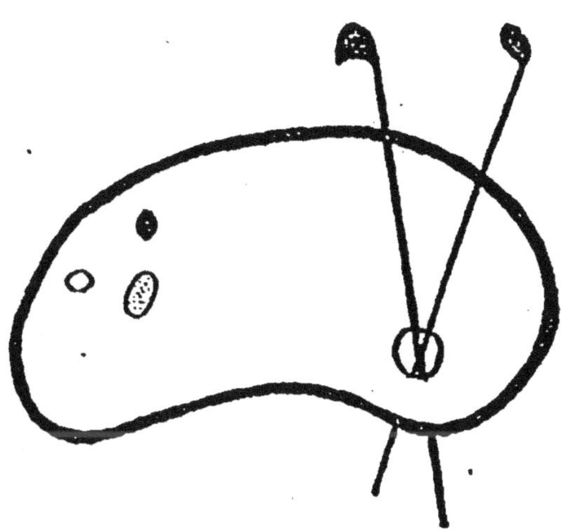

FIN D'UNE SERIE DE DOCUMENTS
EN COULEUR

NOTRE-DAME DE LOUVIERS

QUELQUES REMARQUES

1. Au commencement du xiii° siècle, les habitants de Louviers, dont le nombre avait augmenté, abandonnèrent leur église paroissiale, dédiée à saint Martin, pour construire un édifice plus vaste sur un autre emplacement. Toutefois, l'ancienne église resta debout, sans qu'on sache, d'ailleurs, à quel titre. Depuis cette époque, en effet, on ne la voit figurer dans aucun document officiel, d'ordre ecclésiastique ou autre, ce qui n'empêche pas qu'elle ait été entretenue et même embellie. Six siècles et demi devaient s'écouler avant qu'elle ne tombât sous la pioche des démolisseurs.

La date de la construction de l'église actuelle, érigée sous le vocable de la Sainte Vierge, n'est fournie de façon précise par aucun document. Une transaction du 11 avril 1218, publiée dans le *Cartulaire de Louviers* de M. Bonnin, prouve seulement qu'à cette époque la fondation d'une nouvelle église était décidée; mais l'examen archéologique du monument permet de supposer qu'à ce moment les travaux avaient déjà reçu un commencement d'exécution.

Si l'on en juge par le style, la construction dut être entreprise vers l'année 1215. Les travaux paraissent avoir été poussés rapidement, et l'on peut même se demander s'ils ne furent pas commencés de plusieurs côtés à la fois. La partie la plus ancienne est peut-être le croisillon méridional; c'est là, en effet, que les colonnes et les chapiteaux revêtent le caractère le plus archaïque. Mais le classement chronologique du chœur, du croisillon nord et des bas-côtés de la nef demeure très diffielle, et je ne me risquerai pas à présenter à ce sujet des hypothèses qui manqueraient trop de solidité.

2. La nef centrale fournit matière à des observations plus précises. Les piliers cylindriques, avec leurs bases très aplaties et débordant le socle octogonal, et leurs chapiteaux très simples, à feuilles enroulées en crochets, peuvent dater de l'année 1220 environ. Chacun des chapiteaux présente, mêlée aux feuillages, une tête humaine sur laquelle reposent, au moyen d'une saillie semi-circulaire du tailloir octogonal, trois fûts liés et engagés dans le mur supérieur. Cette disposition prouve que l'on eut, dès l'origine, l'intention de voûter la nef. Elle se retrouve, vers la même époque, aux grandes colonnes du chœur de la cathédrale de Rouen et, quelques années plus tard, aux piliers cylindriques de la nef de l'église d'Auflay (Seine-Inférieure).

Les arcades, en tiers point, se composent de deux rangées de claveaux, dont les angles sont abattus en chanfrein creux ou décorés d'un tore.

A part les têtes saillantes, cet étage inférieur n'offre rien de particulièrement original; mais il n'en est pas de même des deux étages supérieurs, dont l'ordonnance dénote un esprit novateur. Un triforium règne au-dessus des arcades, appuyé sur une moulure torique très dégagée, laquelle se poursuit tout du long de la nef et entoure comme d'une bague les trois petits fûts collés à la muraille. Ce triforium n'est pas une galerie de circulation telle qu'on en construisait à la même époque dans les chœurs de la cathédrale de Rouen, des églises du Petit-Andely et de Gisors, et dans la nef de l'église d'Auflay. Ce n'est pas davantage une tribune comme celles — voûtées ou non — que l'on voit à la cathédrale de Lisieux, à l'abbaye de Fécamp, à la collégiale de Mantes, et dans l'église de Pacy-sur-Eure, ou comme celles projetées dans les nefs de la cathédrale de Rouen et de l'église d'Eu. Le triforium de Louviers est formé tout simplement de ces baies d'aération du comble dont le principe était encore admis en Normandie, ou du moins dans la basse Normandie, au xiii° siècle, ainsi qu'on peut s'en assurer à Mortain, à Vire, à Lonlay et à Hambye.

Bien qu'au premier abord, ce triforium paraisse d'une inspiration plutôt retardataire, il faut reconnaître que l'architecte a su tirer un excellent parti d'un programme sans doute imposé. Dans chaque travée il a ouvert une baie carrée dont le linteau est soulagé par une colonne : c'est la disposition du triforium de l'église Saint-Pierre de Montmartre; mais un tore d'encadrement courant en trilobe au-dessus de la baie et un large quatrefeuille gravé en creux au milieu du tympan ont suffi pour donner du pittoresque et de l'inattendu à cet arrangement si simple et, en réalité, si archaïque. Il est très regrettable que l'on ait supprimé, je ne sais à quelle époque, le comble sous lequel s'ouvrait la baie du triforium, car nous avons aujourd'hui une ouverture vitrée, claire par conséquent, là où le constructeur avait prévu des lignes s'enlevant avec vigueur sur un fond d'obscurité : l'effet voulu au xiiie siècle se trouve donc ainsi complètement dénaturé.

L'étage des fenêtres n'est pas moins digne d'attention. Je passe sur le cordon, semblable au précédent, mais souligné d'une série de trèfles en creux, qui sert d'appui au glacis des fenêtres. En elles mêmes, d'ailleurs, ces fenêtres ne font que reproduire une disposition très répandue dans l'Ile-de-France au début de la période gothique; ce qui est nouveau, c'est le trilobe qui encadre la tête des deux lancettes et l'oculus. Ce trilobe, qui repose sur deux colonnettes, est formé à l'intérieur d'un simple tore, tandis qu'à l'extérieur ses lignes sont accen-tuées par une course de feuilles de trèfle.

Toute la nef ne fut pas construite d'un seul jet, et l'élévation des travées n'est pas partout la même. Je ne fais pas allusion ici à la réfection de la fenêtre orientale du côté sud, ni à la suppression de l'oculus de la fenêtre correspondante au nord, qui résultèrent successivement de travaux exécutés au com-mencement et à la fin du xvie siècle pour mettre à la mode du jour les deux faces les plus visibles de la tour centrale. Je veux parler des fenêtres des deux travées de l'ouest. Chacune de ces fenêtres se compose d'une large baie en tiers point garnie d'un meneau, de deux arcs en tiers point et d'une petite rose, polylobée au nord, et divisée au sud en sept petits oculus. Un léger examen suffit à prouver que ces fenêtres sont postérieures aux autres et dues à un second architecte. Il en est de même, d'ailleurs, de tout le mur de façade. On remarque, en effet, que les colonnettes groupées qui reçoivent à l'ouest la retombée de la première arcade sont dégagées par des gorges profondes, et cette disposition se retrouve aux pieds-droits des fenêtres dont je viens de parler, tandis que les autres baies sont encadrées par des colonnettes simplement logées dans un angle. Le nouvel architecte, toutefois, n'avait pas autant d'imagination ni de talent que le premier. Malgré le riche portail dont elle est pourvue, sa façade manque d'accent et de proportions dans l'ensemble, de goût dans les détails.

Au-dessous de la vaste fenêtre refaite il y a quelques années, le mur dissimule une étroite galerie desservie par l'escalier nord-ouest et qui permet d'accéder dans le comble du bas-côté sud. Elle était jadis ouverte sur la nef par six petites arcades trilobées ; mais actuellement il faut pénétrer à l'intérieur du buffet d'orgues, — ce que j'ai pu faire grâce à l'extrême obligeance de M. Loth, l'organiste si apprécié de l'église Notre-Dame, — pour se rendre compte des dispositions de ce triforium. Les six arcades sont dessinées chacune par un tore dégagé ; au-dessous, une série de quatrefeuilles inscrits chacun dans un cercle, et légèrement creusés, joue pour l'œil le rôle d'une balustrade, tandis que des trèfles garnissent les tympans ou écoinçons, entre les têtes des arcades ; enfin au-dessus d'une retraite en glacis, qui amène une diminution d'épaisseur de la muraille, on voit une rangée de petits cercles renfermant chacun trois cercles plus petits encore. Je m'imagine que l'effet de tout cela était simplement agréable, sans avoir le caractère grandiose du triforium de façade que dissimule, de la même façon, le buffet d'orgue de Saint-Hildevert de Gournay.

Ces observations ne sont pas les seules auxquelles donne lieu l'étude de la nef. D'après le premier projet, l'édifice ne devait pas avoir une très grande élévation. Il existe, en effet, au niveau de la rangée de trèfles courant à l'intérieur, au-dessus du triforium latéral, des restes de chapiteaux qui indiquent le point de départ des voûtes telles qu'elles avaient été primitivement conçues, c'est-à-dire avec des fenêtres moins longues et sans doute d'un dessin différent.

Ce n'est pas tout. Les murs une fois montés à leur hauteur actuelle, avec leur corniche feuillagée et le petit bahut à glacis imbriqué qui servit longtemps de balustrade ou plutôt de chéneau, suivant une disposition empruntée à certaines parties de la cathédrale de Rouen, des raisons que j'ignore, peut-être le manque d'argent, firent différer l'éxécution de la voûte.

3. Tous ces travaux, commencés vers 1215, nous conduisent à l'année 1235 ou 1240 ; puis, selon moi, il s'écoula bien un siècle avant que l'on se décidât à parachever le monument. On ne peut, en effet, supposer l'écroulement des premières voûtes. Si pareil accident s'était produit, nous ne

manquerions pas de retrouver quelques-uns des arcs-boutants primitifs, tandis que tous ceux qui existent aujourd'hui, avec leurs ajours circulaires à redents, appartiennent comme la voûte au milieu du xive siècle. Le profil des ogives et des doubleaux de cette voûte est partout le même; il comprend trois tores dégagés, le plus gros aminci en amande et garni d'un listel. Il faut remarquer l'analogie de ce profil avec celui des nervures du chœur de l'église de Saint-Germain de Louviers, édifice dont les fenêtres portent bien le cachet du milieu du xive siècle. Je n'insisterai pas, d'ailleurs, outre mesure sur ce profil, qui fut employé longtemps sans beaucoup de variantes. Il suffit, par exemple, d'examiner les claveaux d'attente de la voûte projetée à Notre-Dame au milieu du xiiie siècle pour s'apercevoir que les nervures de cette voûte eussent présenté le même profil que les nervures actuelles, moins le listel. On peut faire une observation analogue à propos de la décoration végétale des clefs, dont le style ne changea guère à Louviers de 1230 à 1350.

4. Il n'a pas été question jusqu'ici des bas-côtés de la nef du xiiie siècle. La voûte subsiste seule de leurs dispositions primitives. Elle est portée sur des ogives croisées, dont le profil se compose d'un tore aminci en forme d'amande et encadré par deux cavets. Quant aux murs latéraux, sans doute percés de lancettes comme ceux des bas-côtés de Saint-Sauveur du Petit-Andely, ils furent démolis à la fin du xve siècle pour agrandir l'église, qui reçut alors deux nefs latérales supplémentaires. Les supports primitifs des voûtes ne subsistent que dans deux travées du bas-côté nord, protégées contre la démolition par la grosse tour dont il sera parlé plus loin. Une seule colonnette, posée en délit et complètement séparée du parement, reçoit à la fois les ogives et l'arc doubleau. Le socle sur lequel repose la base, et le tailloir qui surmonte le chapiteau affectent, en plan, la forme d'un demi-octogone. Le tailloir a été conservé, avec le tas de charge de la voûte primitive, au-dessus des nouveaux piliers, qui ne sont autre chose que les anciens contreforts repris en sous-œuvre et retaillés. Le plan de ces piliers en dit assez la date. La reprise en sous-œuvre a fort heureusement laissé subsister le couronnement des contreforts, que l'on voit encore sur la terrasse, au-dessus des bas-côtés. Il est formé de quatre pignons aigus. On constate avec intérêt l'identité de ces couronnements avec ceux de la même époque qui surmontent les contreforts des deux églises des

Andelys. Leur présence à Louviers indique bien que l'on avait d'abord le projet de voûter la nef avec moins de hauteur, car il n'est pas douteux que ces pinacles ne fussent destinés comme aux Andelys à charger les culées des arcs-boutants. D'autre part, les toitures des bas-côtés de Saint-Sauveur du Petit-Andely montrent clairement ce qui existait d'abord à Louviers. Ces toitures en appentis des bas-côtés furent ici supprimées, sans raison sérieuse, à une époque déjà relativement ancienne; il faut remarquer, en effet, qu'elles ne figurent pas dans les lithographies qui accompagnent l'*Essai sur Louviers* de M. Dibon, publié en 1836.

5. Examinons maintenant les parties orientales de l'église. Le plan primitif, facile à reconnaître, formait une croix à trois branches égales, car le chœur se termine par un chevet et ne comprend que deux travées, comme chacun des croisillons. Une tour surmonte le carré central. Rien de tout cela n'est assurément postérieur à 1235 ou 1240, date approximative de l'achèvement de la nef, moins la voûte; mais, je l'ai dit déjà, l'ordre de la construction constitue dans cette église un problème délicat et peut-être sans intérêt bien réel, auquel des remaniements et des restaurations ajoutent encore de nouvelles difficultés.

Ainsi, — première question, — la voûte du croisillon méridional appartient-elle à la construction du XIIIᵉ siècle ou faut-il la croire seulement contemporaine de la voûte de l'étroit bas-côté ajouté vers l'orient au XIVᵉ siècle? Des deux parts, en effet, les nervures affectent le même profil, un tore en amande encadré par deux cavets, — disposition très simple, identique à celle observée dans les bas-côtés de la nef, — et le style des clefs feuillagées ne diffère pas sensiblement : ces clefs ressemblent toutes à celles que l'on sculptait sous saint Louis. Si donc les deux voûtes sont contemporaines, il s'en suit que le croisillon aurait attendu la sienne durant tout un siècle. Est-ce bien vraisemblable, et ne vaut-il pas mieux croire à une affectation d'archaïsme de la part de l'architecte du XIVᵉ siècle? Dans son œuvre, en effet, certaines consoles à tête humaine, fort jolies d'ailleurs, et même un ou deux culs-de-lampe en forme de chapiteau coudé, — particularité très normande et, en général, caractéristique du XIIIᵉ siècle, — semblent indiquer comme de l'attachement à des formes vieillies. Il est vrai qu'il suffisait pour cela de la présence d'un sculpteur âgé dans le chantier. De toutes ces remarques, s'il est nécessaire de tirer une conclusion, j'admettrais volontiers l'antériorité de la voûte du croisillon : elle peut d'autant plus facilement revendiquer la même date que celles des bas-côtés de la nef que le doubleau qui sépare les deux travées offre ce profil à deux tores séparés par une arête si répandu dans la première moitié du xiiiᵉ siècle.

Un semblable problème ne se pose pas du côté nord, où les nervures du croisillon, formées d'un simple tore, sont visiblement antérieures à celles du bas-côté oriental. Quant au chœur, par le plan de ses groupes de colonnettes, il se rapproche plus du croisillon nord que du croisillon sud, tandis que ses voûtes, au contraire, si l'on fait abstraction du doubleau, sont semblables à celles du midi. Ce qu'il faut noter surtout, c'est une particularité curieuse et rare : les groupes de colonnettes portent, avec les ogives de la voûte, des formerets toriques que l'architecte a munis plus haut, à la naissance de la courbe, d'un anneau ou bague qui joue ainsi, jusqu'à un certain point, le rôle de chapiteau.

J'ai dit que les parties orientales de l'église avaient été remaniées. Ainsi, aucune des baies percées dans les murs-pignons ne remonte au xiiiᵉ siècle. D'une part, le triplet du chevet est la restitution vraisemblable, opérée à l'époque moderne, de la disposition primitive, à laquelle on avait substitué, dans le cours du xvᵉ ou du xviᵉ siècle, une grande baie flamboyante; d'autre part, les fenêtres qui terminent le transept au nord et au sud ont été refaites respectivement au xivᵉ et au xvᵉ siècle.

L'éclairage latéral du chœur s'est conservé en partie dans son premier état : en partie, car les murs de la première travée furent crevés au xivᵉ siècle, lorsque l'église reçut à cet endroit son premier agrandissement. Il ne subsiste donc que deux lancettes, au lieu de quatre.

Il est impossible de dire comment le croisillon nord était éclairé au xiiiᵉ siècle, mais les traces qui subsistent de l'ancien percement du croisillon sud dénotent une réelle originalité. Je rappellerai d'abord que le transept, à chacune de ses extrémités, débordait d'une travée sur les bas-côtés de la nef. Au croisillon méridional, composé de deux travées, chacune d'elles était percée à sa partie supérieure d'un jour quadrilobé entouré d'un cercle et enrichi extérieurement, dans les écoinçons, de quatre petites rosaces de feuillage. L'une de ces ouvertures surmontait l'arcade ouvrant sur le bas-côté de la nef. La hauteur égale qu'occupe l'autre, dans la travée voisine, permet de supposer qu'elle s'ouvrait au-dessus d'une lancette disparue pendant les remaniements opérés sous Louis XII. Tout cela s'applique à la muraille occidentale, mais il est vraisemblable que le côté opposé présentait cette dernière disposition répétée deux fois.

6. La tour centrale est peut-être la partie de l'église dont l'état primitif est le plus difficile à restituer. Construite et sans doute achevée avant que l'on ne montât l'étage supérieur de la nef, — il est clair, en effet, qu'elle était destinée d'abord à être vue sur les quatre faces, — elle devait comprendre alors une partie inférieure voûtée, qui formait peut-être ce que l'on me permettra d'appeler une lanterne obscure, et un étage de beffroi renfermant les cloches. C'était là, tout au moins, le premier projet; mais la voûte inférieure fut-elle exécutée? Voilà ce que l'on ne saurait dire.

Quoi qu'il en soit, au xive siècle, l'étage supérieur reçut une voûte sur huit nervures convergentes analogues de profil à celles de la nef, ainsi qu'en témoignent encore quelques claveaux demeurés en place après la réfection du xvie siècle. Les colonnettes qui portaient ces nervures existent encore; elles reposent elles-mêmes sur des culs-de-lampe en forme de chapiteaux, dans lesquels on pourrait être tenté de retrouver les appuis de la voûte d'abord projetée sur l'étage inférieur. Extérieurement, une seule des faces hautes de la tour, celle de l'est, a conservé ses deux baies jumelles de la première moitié du xiiie siècle, longues lancettes encadrées de colonnettes. Quant à la corniche qui les surmonte, avec ses feuilles enroulées et sa ligne de quatrefeuilles creusés dans le parement, elle serait, à mon avis, un peu moins ancienne.

Au premier quart du xvie siècle, cette tour fut remaniée de fond en comble. Les piliers et les arcs du rez-de-chaussée et l'étage supérieur portent surtout les traces de ces travaux importants. On refit la voûte, la face extérieure du côté méridional et la tourelle d'escalier, et ce fut alors qu'un très pittoresque passage en encorbellement fut imaginé à l'intérieur pour relier cet escalier aux combles de la nef. La transformation ne fut étendue que plus tard au côté nord, et d'une façon beaucoup moins heureuse. Sur le talus de l'un des contreforts construits pendant cette seconde campagne de travaux, j'ai relevé la date 1588, simple *graffito* dont la présence prouve seulement que l'entreprise était alors au moins commencée. On remarque volontiers à l'intérieur la petite baie appareillée à bossages qui éclaire et aère le comble du croisillon.

7. Les parties de l'église de Louviers construites dans la première moitié du xiiie siècle appartiennent à un style alors particulier à la haute Normandie et dont les spécimens les plus importants sont les nefs de la cathédrale de Rouen et de l'église d'Eu et les deux églises des Andelys. On doit rattacher à cette floraison architecturale les belles tours d'Heudebouville et de Saint-Pierre-d'Autils, et peut-être aussi celles de Surtauville, de Fourmetot et de la Haye-Aubrée. Jean d'Andely, architecte de la cathédrale de Rouen à la date de 1216, fut-il l'initiateur du mouvement? Il se peut; mais l'église de Louviers se prête très difficilement à une attribution en règle; elle porte, même pour cette première période, la marque de plusieurs mains, et le partage des responsabilités y sera toujours très hypothétique.

8. Les cloches furent d'abord suspendues dans la tour centrale, ainsi qu'en témoignent les historiens de Louviers, qui ne nous expliquent pas, du reste, si elles étaient renfermées dans l'étage du beffroi ou dans un clocher de charpente élevé au-dessus. Plus tard, on désira les placer ailleurs, et l'on se mit à construire une nouvelle tour hors œuvre, au nord de l'extrémité de la nef. Les notes écrites au xviie siècle par Jacques Pelet, curé de Notre-Dame, nous apprennent que cette tour fut commencée en 1414. Le style, à la vérité, semblerait indiquer une date un peu plus ancienne, mais le renseignement cependant doit être exact, car nous avons pour le corroborer les termes d'une donation faite en 1428 par Guillaume Chalenge et Phlipote du Chefdelaville, sa femme. Il s'agit de la fondation d'une chapelle qu'ils avaient « naguères fait construire, ordonner et édifier sous le beffray ». A cette date de 1428, les cloches étaient donc installées dans la tour, et l'étage inférieur se présentait déjà, comme aujourd'hui, sous l'aspect d'une élégante salle voûtée. Il convient de remarquer, en passant, l'analogie des nervures avec celles de la nef. Il ne faut pas conclure de cette observation que la nef fut voûtée seulement au commencement du xve siècle, car la sculpture des clefs ne saurait vraiment indiquer une date postérieure au milieu du xive siècle; mais il y a là un nouvel exemple de cet esprit traditionnel qui semble avoir animé les architectes et les sculpteurs lovériens avant le grand épanouissement artistique du règne de Louis XII.

Ce fut évidemment l'invasion anglaise qui amena l'inachèvement de la tour du beffroi. A cette construction puissante et sobre, les paroissiens voulaient sans doute donner une certaine hauteur et peut-être une flèche de pierre. Il est regrettable que l'étage du beffroi, au moins, ne soit pas terminé. Ce serait chose relativement facile. Une simple toiture d'ardoises aux lignes harmonieuses, analogue, par exemple, à la toiture de la tour Saint-Romain à la cathédrale de Rouen, couronnerait le tout d'une façon satisfaisante.

9. L'étranger chassé, il fallut réparer les maux de la guerre; puis un agrandissement de l'église s'imposa et fit ajourner l'achèvement de la tour. Il faut rappeler ici qu'à une époque antérieure à la construction de cette tour, on avait donné à l'édifice un premier accroissement par l'adjonction d'un bas-côté à l'est du transept. Je ne crois pas, en effet, que cette étroite galerie, dont il a été parlé plus haut, puisse être attribuée à une date postérieure au milieu du xive siècle.

Un peu plus tard, au commencement du xve siècle, on fit subir quelques premières modifications aux deux piliers occidentaux de la tour centrale, dans la partie de ces piliers placée sous la retombée des dernières arcades de la nef. C'est là que se trouve, du côté sud, au milieu d'une frise de feuillages, la figure à laquelle on a donné le nom de *Bonhomme Louviers*. Dans ce personnage, que les historiens de Louviers dépeignent comme regardant d'un air triste une écuelle cassée qu'il tient à la main, ces mêmes écrivains ont voulu voir une allusion à l'épisode de Biron surprenant la ville au moment du repas de midi, en 1592. La date de la sculpture est cependant à cela un obstacle insurmontable, mais je dois à la vérité de dire qu'il n'a été jugé digne d'aucune attention. Sans insister sur cette façon trop commode d'expliquer un monument, je ferai remarquer que le vase ne ressemble qu'approximativement à une écuelle, et quant au personnage, par son geste, il ferait penser plutôt à un potier de terre.

10. Jacques Pelet nous fournit quelques dates au sujet des derniers agrandissements de l'église. De 1493 à 1496, le second bas-côté du nord fut élevé sous la direction d'un maître de l'œuvre nommé Jean Gillot, que l'on retrouve plus tard travaillant au château de Gaillon. Cette partie de l'église est d'une simplicité agréable et non dépourvue d'élégance. Il y a, dans l'une des travées, un petit portail qui, malgré de nombreuses mutilations, mérite d'être cité pour son ordonnance légère et gracieuse. Toute cette façade est malheureusement en

fâcheux état et réclame d'urgence une restauration complète.

« L'an de grâce mil cinq cent et six, dit Jacques Pelet, le portail des baptesmes fut commencé. » Il s'agit du portail méridional, abrité par le porche que tout le monde connaît. Les travaux, de ce côté, durèrent assez longtemps. Toutefois, lorsque furent mis en place, à la date de 1528, les beaux vantaux donnés par l'abbé de Saint-Taurin, Jean Legrand, la besogne des maçons et des sculpteurs devait être terminée déjà depuis plusieurs années. J'avoue ne pas admirer outre mesure toute cette architecture si vantée. L'ensemble manque de légèreté, et le porche, au premier abord, semble compliqué pour le seul plaisir de faire briller l'habileté des appareilleurs. L'architecte, cependant, était un artiste de valeur, un homme de ressources et d'imagination. Il a fort bien senti le premier des défauts signalés, et ce que je viens de blâmer dans le porche a été, de sa part, tout porte à le croire, parfaitement intentionnel. La hauteur du couronnement, la multiplicité et la variété des lignes devaient, dans sa pensée, corriger le fâcheux effet résultant de l'insuffisante élévation du bas-côté. Le nom de cet architecte est malheureusement ignoré, mais je l'identifierais volontiers avec l'auteur du portail nord de la cathédrale d'Evreux. Je retrouve à Louviers cet esprit d'invention dont la fécondité n'est pas inséparable d'un peu de sécheresse. Quoi qu'il en soit, l'artiste connaissait les constructions rouennaises : les piles du porche rappellent les massifs pyramidaux qui encadrent le portail central de Notre-Dame de Rouen, et les retombées sur pendentif sont des fantaisies dont l'architecte du porche méridional de Saint-Ouen avait donné, près d'un siècle auparavant, le dangereux exemple.

On suppose avec vraisemblance, par l'interprétation de documents trop laconiques, que le portail nord de la cathédrale d'Evreux fut l'œuvre de Jean Cossart. Or, cet architecte mourut avant 1417. Du fait que les habitants de Louviers furent obligés, vers le même temps, de faire appel à un nouvel artiste, je n'essaierai pas de constituer une preuve en faveur de mon opinion; mais cette coïncidence, on l'avouera, mérite néanmoins d'être notée. La main du nouveau venu apparaît au petit portail de l'ouest et aux culs-de-lampe qui portent, à l'intérieur de la nef, des statues d'apôtres, à ceux, du moins, qui n'ont pas été refaits. Partout, la sculpture d'ornement revêt un caractère résolûment novateur et laisse apercevoir l'influence du style créé à Rouen par Roland Le Roux. Le petit portail présente une indiscutable analogie avec les portes latérales de la façade de Caudebec, dont la parenté avec les œuvres authentiques du maître rouennais n'est pas douteuse. On retrouve la même main et la même influence à la face méridionale de la tour centrale, dont l'aspect extérieur fut alors complètement renouvelé; ce sont toujours les mêmes feuillages gras, étoffés, mais un peu monotones, plus monotones peut-être que les grêles et capricieux rameaux des frises purement gothiques.

11. La disparition de ses anciennes archives fait que Notre-Dame de Louviers n'est pour nous qu'un brillant assemblage d'œuvres anonymes. Le nom de l'architecte de la façade méridionale est ignoré, on ne connait pas davantage celui de son successeur, et l'on déplore la même absence de renseignements au sujet des beaux vantaux donnés en 1528 par le généreux abbé de Saint-Taurin Jean Legrand. L'œuvre, en tout cas, est charmante et mérite grandement d'être admirée. Toute trace des traditions gothiques a disparu, et la vogue de l'art italien se trahit en plus d'un endroit : c'est à cette source qu'a été puisée, par exemple, la guirlande nouée en forme de couronne qui entoure l'initiale du nom de la ville; d'autre part, les élégants bas-reliefs du sommet (une *Annonciation* et une *Sainte Famille dans l'étable*) sont la copie ou la traduction évidente d'œuvres exotiques, et les jolies statuettes d'Évangélistes qui les accompagnent n'indiquent pas moins clairement leur origine. Mais l'exécution, du moins, est bien française : aux arabesques d'outre-monts, dont il a senti le caractère factice et la banalité, le sculpteur a substitué de légères pentes de feuillage naturel qui brillent par la variété, la souplesse, et par une sûreté de main extraordinaire.

Ces vantaux, première et séduisante manifestation de l'art de la Renaissance dans l'église de Louviers, sortent incontestablement de cet atelier fécond qui laissa à Evreux et dans les environs tant d'œuvres admirables sous le règne de François Ier; mais je n'en connais aucune qui soit autant que celle là imprégnée d'italianisme.

L. Régnier.

Mars 1903.

Evreux, Imprimerie de l'Eure, L. Odieuvre, rue du Meilet.

www.ingramcontent.com/pod-product-compliance
Lightning Source LLC
Chambersburg PA
CBHW051258050726

47595CB00008B/3306